Monika Reimann

Unregelmäßige Verben

A1 bis B1

Hueber Verlag

ist eine Reihe von Übungsbüchern im kleinen Format für schnelles und bequemes Üben für zu Hause und unterwegs. Mit den Taschentrainern werden Grammatik und Wortschatz in authentischen Situationen wiederholt, gefestigt und vertieft. Die Reihe ist optimal für das Selbststudium geeignet.

4. 3. 2. | Die letzten Ziffern
2013 12 11 10 09 | bezeichnen Zahl und Jahr des Druckes.
Alle Drucke dieser Auflage können, da unverändert,
nebeneinander benutzt werden.
1. Auflage
© 2008 Hueber Verlag, 85737 Ismaning, Deutschland
Redaktion: Hans Hillreiner, Hueber Verlag, Ismaning
Umschlaggestaltung: Parzhuber und Partner, München
Fotogestaltung Cover: wentzlaff | pfaff | güldenpfennig kommunikation gmbh, München
Coverfoto: © Matton Images/Stockbyte
Zeichnungen: Irmtraud Guhe, München
Layout und Satz: Birgit Winter, München
Druck und Bindung: Ludwig Auer GmbH, Donauwörth
Printed in Germany
ISBN 978-3-19-157493-2

Inhalt

Liebe Deutschlernende,

der *deutsch üben* Taschentrainer Unregelmäßige Verben ist ideal für das schnelle und bequeme Lernen zwischendurch. Das kleine, handliche Format passt in jede Tasche. So können Sie jederzeit, zu Hause oder unterwegs, Übungen machen.

Im Taschentrainer Unregelmäßige Verben finden Sie
* 80 **Übungen** zur Wiederholung und Vertiefung der unregelmäßigen Verben auf zwei Schwierigkeitsstufen, A1/A2 und B1,
* einen Extrateil zum **Üben der Formen**,
* **Lernhilfen** zum Memorisieren der Stammformen,
* **authentische Situationen** aus dem Alltags- und Berufsleben und
* einen übersichtlichen **Lösungsteil** zur Selbstkontrolle.

Der vorliegende Taschentrainer ist für die Niveaustufen A1 bis B1 und die entsprechenden Prüfungen (Start 1, Start 2 und Zertifikat Deutsch) des *Gemeinsamen Europäischen Referenzrahmens* konzipiert.

Er ist bestens zur Selbstevaluation geeignet, um zu testen, was man gut oder weniger gut beherrscht.

Viel Spaß mit Ihrem Taschentrainer!

Autorin und Verlag

A1 Was kann man für gute Freunde und mit guten Freunden machen?

Kombinieren Sie.

Man kann ...

1. ihnen E-Mails		a.	unternehmen
2. ihnen Geschenke		b.	trinken
3. sie zum Essen		c.	liegen
4. mit ihnen über viele Themen		d.	schreiben
5. ihnen in Not		e.	spazieren gehen
6. sich mit ihnen am Samstagabend		f.	einladen
7. ihnen sein Auto		g.	mitbringen
8. am Sonntag etwas mit ihnen		h.	helfen
9. mit ihnen am See in der Sonne		i.	sprechen
10. lange im Park		j.	fernsehen
11. zusammen Kaffee		k.	leihen
12. am Abend gemeinsam		l.	treffen

1.	2.	3.	4.	5.	6.	7.	8.	9.	10.	11.	12.
								c			

A2 Meine Geschwister und Freunde

Ergänzen Sie *haben* und *sein*.

Das hier ___*ist*___(1) mein Bruder Jakob und meine kleine Schwester

Lisa. Lisa _____(2) wirklich süß. Aber manchmal _____(3)

sie auch ganz schön anstrengend! Aber ich _____(4) sie sehr

gern! Jakob _____(5) viele Freunde, die oft zu uns nach Hause

kommen. Sie _____(6) manchmal ziemlich laut und hören

schreckliche Musik! Und wie viele Geschwister _____(7) ihr?

Das _____(8) meine Freunde Simon und Lukas. Simon

_____(9) 16 Jahre alt und Lukas _____(10) 15. Wir

_____(11) immer viel Spaß zusammen. Besonders Simon

_____(12) sehr lustig. Er _____(13) einen sehr netten

Bruder, der 18 Jahre alt _____(14).

A3 Etwas *haben* oder etwas *sein*?

Ergänzen Sie die Verben im Präsens.

1. ◆ ___*sind*___ Sie mit Ihrem Hotel zufrieden?

   ● Ja sehr!

2. ◆ _____ du Hunger? Sollen wir etwas kochen?

   ● Nein danke. Ich _____ noch nicht hungrig. Wir haben heute spät gefrühstückt.

3. ◆ _____ ihr noch nicht müde? Es ist doch schon spät!

   ● Nein, wir schlafen am Samstag immer lange.

4. ◆ Elias _____ wirklich sehr ängstlich! Er _____ schon vier Jahre alt und kann immer noch nicht Rad fahren.

   ● Das macht doch nichts. Mein Sohn hat es auch erst spät gelernt.

5. ◆ Weißt du, wie alt Jochen _____?

   ● Keine Ahnung, aber ich glaube, er _____ 18.

6. ◆ Nie _____ du Zeit für mich!

   ● Aber das stimmt doch nicht!

7. ◆ _____ Sie verheiratet oder ledig?

   ● Ledig.

8. ◆ Warum _____ du denn so vorsichtig! Der Hund macht dir nichts.

   ● Ich _____ aber immer Angst vor so großen Hunden!

A4 Meine Freunde und ich

Was passt zusammen?
Ergänzen Sie die Modalverben und verbinden Sie.

1. K_____ Sie

2. Ja, ich m_öchte_ gern

3. Wir mü_____

4. S_____ ich

5. Ich m_____ jetzt

6. Was d_____ ich

7. W_____ du

8. Ich k_____

a. euch mit dem Auto zum Bahnhof fahren?

b. euch anbieten? Tee oder Kaffee?

c. noch ein Stück Kuchen. Er ist lecker!

d. dir am Wochenende gern beim Umzug helfen.

e. jetzt etwas essen?

f. mich bitte morgen am Flughafen abholen?

g. gehen. Es ist schon spät und ich bin müde.

h. uns unbedingt mal wieder sehen! Wann habt ihr denn Zeit?

1.	2.	3.	4.	5.	6.	7.	8.
	c						

A5 Was haben Nina und Julian am Samstag gemacht?

Ergänzen Sie die Verben.

> fernsehen • anrufen • aufstehen • fahren • anziehen
> gehen • schwimmen • ~~schlafen~~ • helfen • essen

1. Sie _haben_
   lange _geschlafen_ .

2. Um halb elf _____
   sie _____.

3. Dann _____ sie sich
   _____ und gefrühstückt.

4. Nina _____ ihre Freundin _____.

5. Mittags _____ Nina ihrem
   Vater beim Kochen _____.

6. Um ein Uhr _____ sie
   mit ihren Eltern _____.

7. Am Nachmittag _____
   Julian und Nina mit Freunden an
   den See _____.

8. Dort _____ sie _____.

9. Am Abend _____ Julian
   und seine Freunde _____.

10. Nina _____ mit ihren
    Freundinnen ins Kino _____.

A6 Was passt zusammen?

Ordnen Sie die Verben zu.

1. ankommen	a. fahren
2. einsteigen	b. gewinnen
3. essen	c. abfahren
4. sich anziehen	d. nehmen
5. gehen	e. stehen
6. einziehen	f. trinken
7. behalten	g. aussteigen
8. verlieren	h. sich ausziehen
9. geben	i. wegwerfen
10. liegen	j. umziehen

1.	2.	3.	4.	5.	6.	7.	8.	9.	10.
c									

A7 Fragen über Fragen

Ergänzen Sie Verben aus Übung A6.

1. ◆ Wo sind denn meine Hausschuhe?

   ● Ich habe sie _____. Sie waren doch total kaputt.

   ◆ Aber warum denn? Sie waren überhaupt nicht kaputt.

2. ◆ Weißt du, wann unsere neuen Nachbarn in die Wohnung
     _____?

   ● Ich glaube am 1. Dezember.

3. ◆ Wer hat denn bei dem Fußballspiel gestern Abend
     _____?

   ● England natürlich, 3:0. Gegen Österreich haben sie noch nie
     _____.

4. ◆ Wann _____ Peter denn am Hauptbahnhof _____?

   ● Hab' ich vergessen. Schau doch mal im Internet nach. Ich
     weiß nur noch, dass er um 12.31 Uhr in Stuttgart
     _____ ist.

5. ◆ Warum seid ihr denn noch nicht ins Auto _____?
     Los schnell jetzt, wir müssen losfahren.

   ● Keine Panik, Papa!

6. ◆ Warum wollt ihr denn nichts _____? Habt ihr denn
     gar keinen Hunger?

   ● Nein, wir haben unterwegs schon etwas _____.

   ◆ Na gut, was möchtet ihr _____? Cola, Orangensaft
     oder Wasser?

A8 Was macht man im Urlaub?

Ergänzen Sie.

> fahren • unternehmen • spazieren gehen • lesen
> (sich) unterhalten • essen • schwimmen • ~~aufstehen~~
> trinken • tragen

1. morgens spät __*aufstehen*__

2. im Meer _____

3. am Strand _____

4. Koffer _____

5. viel mit der Familie gemeinsam _____

6. viele Bücher _____

7. leckere Cocktails _____

8. Rad _____

9. oft im Restaurant _____

10. sich viel _____

A9 Was haben Sie im Urlaub gemacht?

Schreiben Sie. Benutzen Sie die Verben aus Übung A8.

Im Urlaub ...

1. _sind_ wir morgens spät _aufgestanden_ ,
2. _____ wir im Meer _____ ,
3. _____ wir am Strand _____ ,
4. _____ wir Koffer _____ ,
5. _____ wir viel mit der Familie _____ ,
6. _____ wir viele Bücher _____ ,
7. _____ wir leckere Cocktails _____ ,
8. _____ wir Rad _____ ,
9. _____ wir oft im Restaurant _____ ,
10. _____ wir uns viel _____ .

A10 Was kann man ...?

Was passt zusammen? Schreiben Sie.

> unterschreiben • singen • backen • ~~schneiden~~
> überweisen • stehen bleiben • teilnehmen • abschließen
> leihen • braten

1. Brot _schneiden_

2. an einem Kurs _____

3. einen Kuchen _____

4. ein Lied _____

5. ein Steak _____

6. einen Vertrag _____

7. Geld _____

8. die Haustür _____

9. einen Stift von jemandem _____

10. an der roten Ampel _____

A11 *dürfen* oder *können*?

Ergänzen Sie das richtige Verb.

1. ◆ Ihr bleibt doch noch ein bisschen?
   ● Na klar, heute _*können*_ wir länger bleiben. Morgen ist doch
   Feiertag. Da müssen wir nicht arbeiten.

2. ◆ Ich _____ nicht mehr raus zum Spielen.
   ● Warum denn?
   ◆ Mama hat es nicht erlaubt.

3. ◆ Entschuldigen Sie bitte, aber Sie _____ hier nicht
   rauchen. Es ist im gesamten Haus verboten.
   ● Oh, das tut mir Leid. Das wusste ich nicht.

4. ◆ _____ du wirklich Chinesisch sprechen?
   ● Ja, ich hab' es doch an der Uni studiert.

5. ◆ _____ ihr bitte ein bisschen leiser sein? Ich _____
   mich so nicht konzentrieren!
   ● Ja natürlich. Entschuldigung!

6. ◆ Jetzt muss ich mich aber beeilen! Ich _____ nicht mehr
   zu spät kommen, sonst bekomme ich Probleme mit meiner
   Chefin.
   ● Na, dann mach mal schnell. Tschüß!

A12 *müssen* oder *sollen*?

Ergänzen Sie.

1. ◆ Hey Anna, du ___*sollst*___ bitte Klaus anrufen. Er hat schon
   zweimal nach dir gefragt.
   ● Ja, mach' ich gleich.

2. ◆ Tut mir leid, aber ich _____ jetzt nach Hause.
   ● Warum denn?
   ◆ Mein Mann wartet mit dem Essen auf mich.

3. ◆ Ich weiß nicht, wie ich die drei Koffer transportieren
   _____.
   ● _____ ich dir mein Auto leihen?
   ◆ Das wäre super nett von dir.

4. ◆ Warum _____ du denn immer zu spät kommen! Das ist
   schrecklich!
   ● Ja, entschuldige, aber ...
   ◆ Ach, lass mich in Ruhe mit deinen Ausreden!

5. ◆ Frau Gerner, Sie _____ bitte sofort zum Direktor kom-
   men.
   ● Was will er denn?
   ◆ Keine Ahnung.

6. ◆ _____ ich den Brief hier zur Post mitnehmen?
   ● Das wäre super, dann _____ ich nicht mehr selbst
   hinfahren. Vielen Dank!

A13 Am Wochenende

Schreiben Sie.

> Freunde einladen • Pizza backen • ~~lange schlafen~~ • Wäsche
> waschen • an den See fahren • etwas mit den Großeltern
> unternehmen • spazieren gehen • E-Mails schreiben
> abends fernsehen • Zeitung lesen • zu viel Geld ausgeben
> lange im Bett liegen • aufstehen

Am letzten Wochenende ___*haben*___ wir lange ___*geschlafen*___.
Dann _____ wir noch lange im Bett _____. Um 11
Uhr... Danach...

A14 Termine und Verabredungen

Ergänzen Sie.

> mögen • können • dürfen • sollen • haben • müssen
> sein • müssen • wollen

1. ◆ Also Corinna, treffen wir uns morgen Abend oder nicht?
   ● Morgen Abend _____ ich leider nicht. Da _____ ich
     zu Hause bleiben und auf meine kleine Schwester aufpassen,
     weil meine Eltern eingeladen sind.
   ◆ Na gut, wie wäre es dann übermorgen?
   ● Tut mir leid, aber da _will / möchte_ ich mir einen Film im
     Fernsehen anschauen. Aber am Freitag _____ ich abends
     Zeit. _Möchtest / willst_ du vielleicht zu mir zum Essen
     kommen? Dann koche ich uns etwas Gutes.
   ◆ Ja natürlich, sehr gern. Bis Freitag dann.

2. ◆ Guten Morgen. _____ Herr Becker noch nicht da?
   ● Nein, er kommt heute etwas später.
   ◆ Dann _____ er mich bitte gleich anrufen, wenn er
     kommt,
   ● Gut, ich sage es ihm.

3. ◆ Hey Susi, Kommst du denn am Samstag mit zum Schi fahren?
   ● Nein, leider nicht. Ich _____ nicht. Meine Mutter hat
     es verboten.
   ◆ Aber warum denn nicht?
   ● Ich _____ Englisch lernen, weil wir am Montag einen
     Test schreiben.
   ◆ Du Arme.

A15 In der Schule

Was passt? Ergänzen Sie in der richtigen Form.

teilnehmen • einfallen • mitnehmen • anfangen
verschieben • vergleichen • (sich) umziehen • übertragen
wissen • ~~bestehen~~ • helfen • zurechtkommen • aufschreiben
• verstehen • lassen • heißen

1. Alle haben die Prüfung ___*bestanden*___.
2. Bitte _____ Sie jetzt Ihre Lösungen!
3. _____ doch deiner Freundin bei dieser Übung!
4. Das deutsche Wort für *Test* _____ *Prüfung*.
5. Für die Gruppenarbeit _____ wir immer die Tische im Klassenzimmer.
6. Wer _____ denn an dieser Prüfung _____?
7. Für den Sportunterricht muss ich mich noch schnell
   _____.
8. Wie heißt unsere Englischlehrerin? Mir _____ ihr Name nicht mehr _____.
9. _____ Sie bitte die neuen Wörter _____!
10. _____ Sie, wann Goethe geboren ist?
11. Ich finde meinen neuen Lehrer sehr nett. Wir _____ alle gut mit ihm _____.
12. Wenn Sie mit der Aufgabe fertig sind, _____ Sie bitte die Lösungen auf den Antwortbogen.
13. Ich habe meine Hausaufgabe ganz bestimmt gemacht, Frau Bäcker! Ich _____ nur mein Heft nicht _____. Das _____ ich aus Versehen zu Hause _____!
14. Hast du diese Aufgabe _____?
15. Warum habt ihr denn noch nicht mit der Übung _____! Beeilt euch, ihr habt nicht mehr viel Zeit!

A16 Könnten Sie bitte ...?
Antworten Sie im Perfekt.

1. ◆ Kannst du mir eine italienische Grammatik empfehlen?

   ● Aber unsere Lehrerin hat uns doch letzte Woche eine
     empfohlen.

2. ◆ Könnten Sie mir die 100 € bitte so schnell wie möglich überweisen?

   ● Die habe ich schon gestern _____.

3. ◆ Kannst du bitte die alten Zeitungen wegwerfen?

   ● Aber die habe ich doch schon _____.

4. ◆ Kannst du bitte endlich mit der Arbeit beginnen?

   ● Aber ich habe doch schon damit _____.

5. ◆ Könntet ihr bitte den Abfall in den Hof bringen?

   ● Aber wir haben ihn doch schon in den Hof _____.

6. ◆ Bietet Oma doch bitte etwas zu trinken an.

   ● Aber wir haben ihr doch schon etwas _____.
     Sie möchte jetzt nichts trinken.

A17 Rätsel

Wie heißt das Verb? Ergänzen Sie.

1. eine Tür mit dem Schlüssel _ b _ _ _ l _ _ ß _ _

2. eine Prüfung _ _ s _ _ h _ _

3. im See _ c _ _ _ m _ _ _

4. Brot in Stücke _ _ _ n _ _ d _ _

5. Vögel f l i e g e n

6. Gästen etwas zu trinken _ _ b _ _ t _ _

7. einen Vertrag _ _ t _ _ s _ _ _ _ i _ _ _

8. an einem Kurs t _ _ l _ _ h _ _ _

9. einen Kuchen _ _ _ k _ _

10. am Strand in der Sonne _ _ _ g _ _

11. im Park oder im Wald _ p _ _ _ _ r _ _   _ _ h _ _

12. im Lotto _ _ w _ _ n _ _

A18 Im Büro

Ergänzen Sie die Dialoge.

> ~~verschieben~~ • denken • vergleichen • zurechtkommen
> teilnehmen • vergessen • stattfinden • unterschreiben
> überweisen • weg sein • ankommen • umsteigen

1. ◆ Könnten Sie bitte Herrn Breuer von der Firma FAC anrufen
   und ihn fragen, ob wir den Termin von Dienstag 14 Uhr auf
   Mittwoch 14 Uhr _verschieben_ können.
   ● Ja, mache ich gleich.
   ◆ Danke. Gibt es noch etwas zu _____?
   ● Ja, hier die zwei Briefe bitte.

2. ◆ Wie _____ Sie denn mit unserer neuen
   Telefonanlage _____?
   ● Ach, inzwischen ganz gut. Nur am Anfang hatte ich ein paar
   Probleme.

3. ◆ Wann _____ die Besprechung denn nun
   _____? Um 15 oder um 16 Uhr?
   ● Um 16 Uhr.
   ◆ Und wer _____ alles daran _____?
   ● Die ganze Marketing-Abteilung.

4. ◆ Haben Sie die Flüge nach Los Angeles schon gebucht?
   ● Nein, noch nicht, ich habe _____, dass Sie das
   selbst machen wollten. Sie wollten doch noch mal im
   Internet die Preise _____, oder?
   ◆ Ja schon, aber ich habe leider keine Zeit. Könnten Sie das
   nicht machen?

● Gut, mache ich. Wann möchten Sie denn genau fliegen?

◆ Ich muss am Montag bis spätestens 11 Uhr in L.A.
_____, denn um 14 Uhr habe ich den ersten Termin.
Und auf alle Fälle möchte ich bitte nicht _____,
sondern nur einen Direktflug.

● Geht klar.

◆ Danke. Haben Sie noch eine Frage, denn ich _____
jetzt dann _____?

● Nein, es ist alles klar so weit.

5. ◆ Haben Sie schon die Rechnung an den Catering-Service
_____?

● Oh nein, das habe ich ganz _____. Tut mir leid. Aber
ich mache es sofort.

◆ Danke.

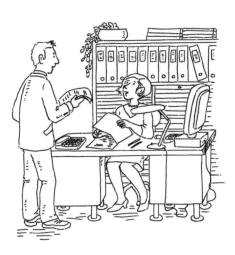

A19 Ratschläge

Ergänzen Sie im Imperativ.

> lesen • mitbringen • geben • essen • helfen • wegwerfen
> mitkommen • ~~aufschreiben~~ • sprechen • vergessen

Person 1	Person 2
1. Ich kann mir die PIN-Nummer von meinem Handy einfach nicht merken.	Dann _schreib_ sie dir doch _auf_.
2. Puh, sind die Taschen schwer!	Dann _____ mir doch eine. Ich helfe dir gern.
3. Mir ist ja so langweilig!	Dann _____ doch ein bisschen.
4. Was soll ich denn mit den ganzen alten Zeitungen machen?	_____ sie doch ____! Die brauchst du doch nicht mehr.
5. Glaubst du, dass es heute noch regnet?	Ja, bestimmt. Also _____ nicht den Regenschirm mitzunehmen!
6. Ich hab' so Hunger!	Dann _____ doch was!
7. Was soll ich Hannah und Klaus denn mitbringen?	_____ doch Blumen aus deinem Garten ____! Darüber freut sich Hannah bestimmt.
8. Ich glaube, Ergül versteht kein Deutsch.	Doch, er versteht schon ganz gut. _____ einfach langsamer, dann versteht er dich schon.
9. Mama, Lisa kann das Fahrrad allein nicht in den Keller tragen.	Dann _____ ihr doch! Du bist doch ihr großer Bruder!
10. Wo ist denn hier die nächste U-Bahn Station?	_____ Sie mit mir ____. Ich zeige Ihnen den Weg. Ich muss auch zur U-Bahn.

A20 *sein* oder *haben*? (I)

Ergänzen Sie.

1. umziehen: Wann _seid_ ihr nach Freiburg _umgezogen_?

2. schließen: Warum _____ du das Fenster _____?

3. sterben: Wann _____ J.W. Goethe _____?

4. gefallen: Wie _____ Ihnen der Film _____?

5. streiten: Worüber _____ ihr denn schon wieder _____?

6. hängen: _____ nicht hier immer dieses hässliche Bild _____?

7. werden: Warum _____ du denn Orthopäde _____?

8. tun: Warum bist du denn so böse? Was _____ ich dir denn _____?

9. riechen: Wonach _____ es denn heute im Treppenhaus _____?

10. abfliegen: An welchem Tag _____ sie denn _____?

11. weggehen: Warum _____ du denn so früh _____?

12. ausgeben: Wie viel Geld _____ du denn im Urlaub _____?

13. anrufen: _____ du Anna schon _____?

14. verlieren: Wer _____ das Spiel _____?

15. beginnen: Wann _____ der Film _____?

A21 SMS

Ergänzen Sie in der richtigen Form.

> sprechen • verlieren • scheinen • kennen • bleiben
> treffen • wissen • gewinnen • finden

Wann _treffen_ wir uns heute? 20 Uhr vor Parkcafe?

1.

Hast du deinen Geldbeutel _____? Oder hast du ihn wirklich _____?

2.

Hast du mit deinen Eltern über Reise _____? Antwort?

3.

Gute Besserung! Hab nicht _____, dass du krank bist. _____ im Bett!

4.

Hast du im Lotto _____ ?

5.

Grüße aus Davos!
Alles prima hier.
Guter Schnee
und die Sonne

_____

wunderbar warm.
Grüße an alle.

6.

_____ du
schon die neue
CD von Bushido?

7.

A22 *sein* oder *haben*? (II)

Ergänzen Sie im Präteritum.

1. ◆ Guten Tag, Herr Klauser. Wie ___*war*___ denn Ihre Reise?
   _____ Sie keine Probleme?

   ● Nein, es _____ alles bestens.

   ◆ Und wie _____ das Wetter?

   ● Sehr gut. Wir _____ die ganze Zeit Sonne und es
   _____ ziemlich warm.

   ◆ Na, da _____ Sie aber Glück! Hier _____ wir die
   ganze Zeit Regen.

2. ◆ Wo _____ ihr denn gestern Abend?

   ● Wir _____ zu Hause. Wir _____ Besuch. Und ihr?

   ◆ Wir _____ auf Peters Geburtstagsparty. Es _____
   mal wieder richtig schön.

3. ◆ _____ deine Oma eigentlich einen Beruf?

   ● Nein, sie _____ nie richtig berufstätig, denn sie
   _____ keine Ausbildung. Aber sie hat immer ein
   bisschen im Geschäft von Opa geholfen.

23 Postkarte aus Italien

Ergänzen Sie die Verben im Perfekt.

> fallen • essen • finden • ~~ankommen~~ • lassen • gehen

Liebe Sara, lieber Klaus,
viele Grüße aus Rom. Gestern _sind_ wir hier am Abend
angekommen. Zuerst _____ wir unser Hotel nicht
_____, weil es in einer kleinen Seitenstraße liegt.
Aber dann _____ wir nur unsere Koffer und Taschen im
Hotelzimmer _____ und _____ gleich in ein wunder-
schönes Restaurant in der Nähe _____. Dort _____ wir
Pasta und Fisch _____. Es hat sehr gut geschmeckt!!!
Und danach _____ wir alle müde ins Bett _____.

Wir schreiben euch bald mehr.

Viele Grüße
Kati und Wilhelm

24 Am Strand

Welches Verb passt? Markieren Sie.

1. Wir mussten/wollten gern jeden Tag baden gehen.
2. Konntet/durftet ihr am Strand liegen oder war es noch zu kalt?
3. Mama, ich will/kann noch ein Eis!
4. Du kannst/sollst mittags nicht so lange in der Sonne liegen. Das ist nicht gesund!
5. Was hat Mama gesagt? Bis wann dürfen/wollen wir noch am Strand bleiben?
6. Du kannst/musst jetzt in den Schatten gehen! Du hast schon einen Sonnenbrand.

A25 Früher und heute

Ergänzen Sie die Modalverben im Präsens oder Präteritum.

1. Früher ___*wollte*___ (wollen) ich keinen Spinat essen. Heute mag
   ich ihn sehr gern.

2. Früher _____ (müssen) wir jeden Tag die zwei Kilometer
   zur Schule zu Fuß gehen. Heute _____ (können) meine
   Kinder diese Strecke mit dem Fahrrad fahren.

3. Früher _____ (dürfen) man als Mädchen abends nicht
   allein mit einem Jungen ausgehen. Heute _____ (dürfen)
   die Mädchen Arm in Arm mit ihrem Freund durchs Dorf gehen.

4. Früher _____ (sollen) ich immer Kleider anziehen. Meine
   Mutter _____ (wollen) das so. Heute _____ (können)
   meine Töchter anziehen, was sie _____ (wollen).

5. Früher _____ (müssen) ich auch am Samstag in die Schule
   gehen. Heute gibt es samstags keinen Unterricht mehr.

6. Früher _____ (können) mein Sohn gut Klavier spielen.
   Heute _____ (können) er nur noch wenige Stücke, weil er
   nicht mehr übt und keinen Unterricht mehr hat.

A26 Leben im Dorf

Was ist richtig? Markieren Sie.

Maria kommt von einem Bauernhof aus dem Schwarzwald. Mit 16
Jahren konnte/wollte (1) sie eine Ausbildung als Krankenschwester
in Stuttgart machen, aber sie durfte/musste (2) nicht. Ihr Vater hat
es verboten. Sie konnte/sollte (3) zu Hause bleiben und eine Lehre
in der Bäckerei in ihrem Dorf machen. Ihre Mutter wollte/sollte (4)
das auch, weil die Bäckersfrau ihre Freundin war. Also musste/durfte
(5) Maria drei Jahre eine Ausbildung zur Bäckerin machen. Danach
sollte/wollte (6) sie nicht mehr länger zu Hause bleiben. Jetzt war
sie 19 Jahre alt und konnte/sollte (7) selbst entscheiden, wo sie
leben durfte/wollte (8).

Also ist sie nach Stuttgart umgezogen und hat sich dort eine Arbeit
gesucht.

A27 Mrs. Perfect hat alles perfekt gemacht!

Ergänzen Sie im Perfekt oder Präteritum.

(1) Sie _ist_ schon früh um 6 Uhr _aufgestanden_ (aufstehen).

(2) Auf dem Weg zum Flughafen _____ sie noch ihr Auto in die

Werkstatt zur Reparatur _____ (bringen) und die Mäntel in

der Reinigung _____ (abgeben). (3) Dann _____ sie nach

Frankfurt _____ (fliegen) und hat dort anlässlich des 80.

Geburtstags des Seniorchefs eine wunderbare Rede _____

(halten). (4) Natürlich _____ sie dabei wie immer perfekt

_____ (aussehen)! (5) Nach dem Essen _____ sie sich

noch etwas mit den Gästen _____ (unterhalten). (6) Aber

sie _____ nicht lange _____ (bleiben), denn um 16.20 Uhr

_____ sie wieder zurück nach Berlin _____ (fliegen).

(7) Sie hat fast ihr Flugzeug verpasst, weil ihr Taxi im Stau

_____ _____ (stehen).

(8) Im Taxi zum Flughafen _____ sie einen Anruf von ihrer Kollegin

_____ (bekommen), die sie _____ _____ (bitten),

noch einmal kurz im Büro zu einer Besprechung zu kommen. (9) Sie

_____ _____ (vorschlagen), das am nächsten Morgen zu

besprechen, weil sie sehr müde _____ (sein) und nach Hause fahren

_____ (wollen). (10) Aber es _____ (sein) wichtig und so

ist sie mit dem Taxi vom Flughafen direkt in die Firma

_____ (fahren). (11) Schließlich _____ sie um 22 Uhr total

müde nach Hause _____ (kommen), _____ sich schnell

_____ (umziehen) und noch gemütlich einen Film auf DVD

_____ (sehen).

A28 Ein Samstag

Ergänzen Sie im Präsens oder Perfekt.

(1) Heute _____ Samstag (sein). (2) Meine Schwester

_____ noch (schlafen). (3) Papa _____ noch im Bett

(liegen) und _____ Zeitung (lesen). (4) Aber ich _____

schon _____ (aufstehen), weil Mama heute Vormittag mit mir

Kuchen _____ (backen). (5) Das _____ sie mir gestern

_____ (versprechen). (6) Danach _____ ich mit Mama

einkaufen (gehen). (7) Es _____ mir (gefallen), dass Mama

und ich manchmal etwas allein _____ (unternehmen) und

wir uns über viele Sachen _____ können (unterhalten).

(8) Das _____ sehr schön (sein)! (9) Dann _____ sie

mit mir auch noch in mein Lieblingscafe (fahren) und ich

_____ eine heiße Schokolade mit Sahne (bekommen). (10)

Am Abend _____ wir dann alle zusammen (essen) und

_____ einen schönen Film im Fernsehen (sehen). (11) Das

_____ sehr gemütlich (sein)!

A29 Ein Samstag. Was hat Susanne gemacht?

Schreiben Sie die Geschichte aus Übung 28 im Präteritum

Gestern _war_ Samstag. Meine Schwester...

B1 Hast du das alles schon gemacht?

Ergänzen Sie im Perfekt.

Wäsche waschen

Postkarte an Tante schreiben

Andrea bei Hausaufgaben helfen

Bücher in Bibliothek abgeben

leere Flaschen zum Supermarkt bringen

Altpapier wegwerfen

Kuchen backen

◆ Leo, hast du denn schon alles gemacht, was ich dir hier
  aufgeschrieben _habe_ (aufschreiben)?

● Also, die Wäsche _____ ich _____, die Bücher
  _____ ich auch in der Bibliothek _____ und das
  Altpapier _____ ich auch schon _____.

◆ Und warum _____ du die leeren Flaschen noch nicht zum
  Supermarkt _____?

● Weil es geregnet hat. Deshalb wollte nicht so weit zu Fuß gehen.

◆ Na soooo weit ist es nicht bis zum Supermarkt! Faule Ausrede!
  Warum _____ du dann nicht wenigstens Andrea bei den
  Hausaufgaben _____ oder den Kuchen
  _____ oder die Postkarte an Tante Olga
  _____?

● Mach ich ja noch alles.

◆ Wann denn?

● Nachher.

B2 Was kann man nicht?

Welches Verb passt nicht? Markieren Sie.

1. Eine Jacke kann man
   ● umziehen ● anhaben ● anziehen.

2. Die Wohnungstür kann man
   ● abschließen ● schließen ● verlassen.

3. Vögel können
   ● singen ● schreien ● fressen.

4. Ein Feuer kann
   ● zu sein ● brennen ● ausgehen.

5. Ein Schnitzel kann man
   ● braten ● essen ● backen.

6. Kartoffeln kann man
   ● waschen ● wachsen ● wiegen.

7. Wurst kann man
   ● schneiden ● braten ● gefallen.

8. Eine E-Mail kann man
   ● beschreiben ● schreiben ● senden.

9. Menschen kann man
   ● widersprechen ● springen ● missverstehen.

10. Ein Paket kann man
    ● messen ● aufgeben ● unterscheiden.

B3 Die Gäste kommen

Ergänzen Sie im Präsens oder im Perfekt.

geben • aufschreiben • ~~kommen~~ • anbieten • backen
kommen • riechen • abnehmen • aussehen

◆ Hallo Sabine, ___*komm*___ doch rein. Wie geht's?

● Danke gut. Und dir?

◆ Sehr gut, danke. Was darf ich dir _____, Kaffee oder Tee?

● Kaffee bitte. Was _____ denn hier so gut? _____
du einen Kuchen _____?

◆ Na klar, wenn du schon mal zu Besuch _____.

● Hm, der _____ aber lecker _____!

◆ Na, dann probieren wir ihn mal.

● Hm, schmeckt super! Kannst du mir vielleicht das Rezept
_____?

◆ Gern! Ich _____ es dir nachher _____. Möchtest du
noch ein Stück?

● Oh nein, nein, vielen Dank. Weißt du, ich versuche gerade ein
bisschen ___*zu*_____. Ich fühle mich einfach zu dick.

◆ Aber das stimmt doch gar nicht! Du hast eine super Figur!

B4 Rund um den Haushalt

Ergänzen Sie im Präsens oder Perfekt.

> schließen • riechen • enthalten • tun • waschen
> gelingen • ~~stinken~~ • schlagen • essen • helfen • heben

1. ◆ Igitt! Was ___stinkt___ denn hier so schrecklich?
   ● Ich war eine Woche in Urlaub und habe den Käse vergessen,
   in den Kühlschrank zu _____. Und das bei der Hitze!
   Jetzt _____ die ganze Wohnung nach Käse.

2. ◆ _____ du schon die Wäsche _____?
   ● Nein, die Waschmaschine ist kaputt.
   ◆ Wie bitte?
   ● Die Tür _____ nicht. Sie geht nicht mehr zu.

3. ◆ Kompliment! Der Braten _____ dir heute ganz besonders gut
   _____. Er schmeckt ausgezeichnet.
   ● Danke!

4. ◆ Weißt du, ob das Müsli Zucker _____?
   ● Nein, warum?
   ◆ Weil ich zurzeit eine Diät mache und keinen Zucker
   _____.

5. ◆ Kann ich dir denn irgendwas _____?
   ● Ja gern. Kannst du bitte die Sahne für den Kuchen
   _____? Hier mit dieser Maschine.
   ◆ Sonst noch etwas?
   ● Ja, wenn du den Kuchen aus der Form _____ _____,
   kannst du ihn auf den großen Teller legen.

B5 Kommen wir *an*, *vor* oder *mit*?

Ergänzen Sie die Verben mit dem richtigen Präfix.

> ankommen • vorkommen • mitkommen

1. Wir gehen ins Schwimmbad. _____ du _____?
2. Wann _____ Lisas Flugzeug _____? – Um 12.37 Uhr.
3. _____ es oft _____, dass er zu spät zur Arbeit kommt?

> abfahren • überfahren • losfahren

4. Wann _____ wir denn endlich _____? – Gleich, wir
   warten nur noch auf Jochen.
5. Warum weinst du denn so? – Meine Katze wurde _____.
   Sie ist tot.
6. Wann _____ denn Ihr Zug _____? – Um 18.22 Uhr.

> ausziehen • (sich) umziehen • einziehen
> (sich) ausziehen • umziehen

7. Wann könnt ihr denn in die neue Wohnung _____? –
   Sobald die bisherigen Mieter _____ _____. Aber wann das
   genau sein wird, wissen wir noch nicht.
8. Nein, am Wochenende habe ich keine Zeit. Da _____
   meine Eltern _____ und ich muss ihnen beim Möbel tragen
   helfen.
9. Wartet bitte. Ich gehe auch joggen. Ich muss mich nur noch
   schnell _____.
10. Kinder, _____ euch jetzt bitte _____ und geht ins Bett.
    Es ist schon spät!

B6 Ein Detektiv bei der Arbeit

Ergänzen Sie im Perfekt.

Detektiv Bauer hat Frau Hübsch am Abend beobachtet.

> treffen • fahren • einsteigen • lassen • trinken • fahren
> laufen • ankommen • ~~gehen~~ • bleiben • kommen

Freitag, 18. Oktober

20.30 Uhr:	Frau H. _ist_ zur Garage _gegangen_ und in ihr Auto _____.
20.32 Uhr:	Sie _____ Richtung Stadtmitte _____.
20.48 - 21.35 Uhr:	Sie _____ einen Mann, ca. 35 Jahre alt, in Brunos Bistro _____. Dort _____ sie bis 21.35 Uhr _____ und sie _____ drei Gläser Wein _____.
21.35 Uhr:	Sie _____ ihre Autos am Parkplatz _____ und _____ zu Fuß zum Club „Bellavista" _____.
0.18 Uhr:	Sie _____ zu zweit aus dem Club _____, haben sich kurz umarmt und jeder _____ mit seinem Auto allein nach Hause _____.
0.33 Uhr:	Sie _____ zu Hause _____.

B7 Ruhe und Bewegung

Welche Verben drücken Bewegung aus und bilden das Perfekt mit *sein*? Markieren Sie.

rennen ⚪

fallen ✘

fließen ⚪

festhalten ⚪

einziehen ⚪

zwingen ⚪

springen ⚪

wiegen ⚪

erfahren ⚪

haben ⚪

ausgehen ⚪

losgehen ⚪

enthalten ⚪

ansehen ⚪

treiben ⚪

sich beziehen ⚪

aussprechen ⚪

frieren ⚪

B8 Zwischenmenschliches

Ergänzen Sie im Präsens oder Perfekt.

> entscheiden • verraten • ~~angehen~~ • beraten
> gefallen lassen • vorhaben • anrufen • treten • mitkommen
> • geschehen • erkennen

1. ◆ Weißt du, wer der neue Freund von Inge ist? Wie heißt er?
   Wie sieht er aus?
   ● Sei nicht so neugierig! Das __*geht*__ dich gar nichts __*an*__!
   ◆ Ach komm, _____ es mir doch. Ich bin sicher, dass du's
   weißt!

2. ◆ Was _____ ihr denn am Wochenende ____?
   ● Keine Ahnung. Wir _____ noch nichts _____.
   Aber wahrscheinlich fahren wir in die Berge.

3. ◆ Hey Paul, warum weinst du denn so? Was ____ denn
   _____?
   ● Max ____ mich mit dem Fuß _____ und da bin ich hin-
   gefallen. Schau, jetzt blute ich hier am Bein.
   ◆ Das darf er wirklich nicht machen und das brauchst du dir
   auch nicht _____ zu _____! Sag ihm mal richtig
   die Meinung!

4. ◆ Du Julia, ich brauche ein neues Kleid für die Hochzeit meiner
   Schwester. Kannst du _____ und mich _____?
   ● Na klar, mach' ich doch gern! Wann denn? Ach, _____
   mich einfach ____, sobald du weißt, wann du Zeit hast.

5. ◆ Ach, da draußen ist Peter.
   ● Wie? Ich sehe niemanden.
   ◆ Doch doch. Das ist bestimmt Peter. Den _____ man
   doch an seiner lauten Stimme.

B9 Danielas Tag (Teil 1)

Schreiben Sie.

Mittwoch	
8.00	Anna zur Schule bringen
9.00	Wäsche waschen
10.00	
11.00	Geld abheben und zum Friseur gehen
12.00	
13.00	
14.00	schwimmen mit Anna
15.00	
16.00	Kuchen backen
17.00	Bücher in Bibliothek abgeben
18.00	
19.00	mit Sofia ausgehen

Am Abend erzählt Daniela ihrer Freundin Sofia, was sie den ganzen Tag gemacht hat. Schreiben Sie.

Um 8 Uhr _hat_ Daniela Anna zur Schule _gebracht_ . Danach ....

B10 Danielas Tag (Teil 2)

Schreiben Sie im Präteritum.

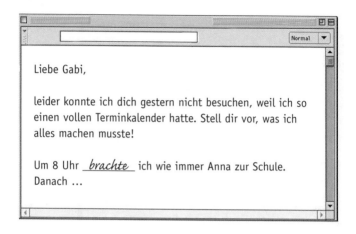

Liebe Gabi,

leider konnte ich dich gestern nicht besuchen, weil ich so einen vollen Terminkalender hatte. Stell dir vor, was ich alles machen musste!

Um 8 Uhr _brachte_ ich wie immer Anna zur Schule. Danach ...

B11 Früher und heute

Ergänzen Sie im Präteritum.

1. Mit 18 Jahren wog ich nur 55 Kilo. Heute _wiege_ ich 72 Kilo.

2. Früher _____ wir unsere Ferien immer bei den Großeltern.
Heute verbringen wir unseren Urlaub am liebsten am Meer.

3. Früher _____ meine Mutter das Geschirr mit der Hand ____.
Heute wäscht es ihre Geschirrspülmaschine ab.

4. Früher _____ ich fast immer Hosen ____. Heute habe ich
meistens Kleider oder Röcke an.

5. Früher _____ ich immer sofort ____, wenn ich im Bett war.
Heute schlafe ich oft lange nicht ein.

6. Früher _____ mich meine Eltern „Mausi". Heute nennen sie
mich zum Glück nicht mehr so.

7. Früher _____ ich nie ____, egal wie viel ich gegessen habe.
Heute nehme ich schnell zu, wenn ich zu viel esse.

8. Früher _____ noch manche Lehrer ihre Schüler. Heute schlagen die Lehrer natürlich niemanden mehr.

9. Früher _____ die Kinder in Gegenwart Erwachsener. Heute
schweigen sie nicht mehr, sondern unterhalten sich mit ihnen.

B12 Fragen über Fragen

Ergänzen Sie im Perfekt.

1. schieben: Warum _habt_ ihr denn die Tische auf die andere Seite vom Zimmer _geschoben_ ?
2. erscheinen: Wann _____ denn diese CD _____?
3. vertreten: Wer _____ Sie denn während des Urlaubs _____?
4. beschließen: Was _____ Sie denn in der Konferenz _____?
5. bewerben: Wie viele Personen _____ sich denn auf diese Stelle _____?
6. erkennen: Was? Du _____ Susanne nicht mehr _____? Aber sie hat sich doch kaum verändert!
7. erfinden: Weißt du, wer den Diesel-Motor _____ _____? – Otto Diesel. Deshalb heißt er doch so!
8. messen: _____ Sie schon Fieber _____?
9. verraten: Warum _____ du Mama unser Geheimnis _____?
10. losfahren: Wann _____ ihr denn zu Hause _____?
11. steigen: Um wie viel Prozent _____ die Verkaufszahlen im Mai _____?
12. abheben: Wie viel Geld _____ du denn _____?
13. bestehen: _____ Ihr Sohn die Aufnahmeprüfung an der Universität _____?
14. abnehmen: Wie viel Kilo _____ Sie mit dieser Diät _____?
15. raten: Und, was _____ Sie ihm _____?

B13 Am Arbeitsplatz

Was passt nicht? Markieren Sie.

1. Am Telefon kann man jemanden ...
   ⬤ beraten ⬤ an der Stimme erkennen ⬤ beweisen
   ⬤ verbinden

2. Einen Brief kann man ...
   ⬤ senden ⬤ schreiben ⬤ bewerben ⬤ erhalten

3. Einen Vertrag kann man ...
   ⬤ abnehmen ⬤ unterschreiben ⬤ bekommen ⬤ lesen

4. Einen Mitarbeiter kann man ...
   ⬤ entlassen ⬤ widersprechen ⬤ missverstehen
   ⬤ vorziehen

B14 Vorbereitung eines Festes
Ergänzen Sie.

> mitbringen • enthalten • (sich) umziehen • ~~waschen~~
> beschließen • schneiden • nachschlagen

1. ◆ _Hast_ du schon das Gemüse _gewaschen_ ?
   ● Nein, kannst du das bitte machen? Ich _____ mir gerade in
   den Finger _____.
   ◆ Du Armer! Natürlich mache ich es dann.

2. ◆ Was!? Du _____ dich immer noch nicht _____! Die
   Gäste kommen doch gleich.
   ● Jaja, ich geh schon.

3. ◆ Was suchst du denn?
   ● Mein französisches Kochbuch. Ich wollte noch schnell
   _____, wie viele Eier man für das Soufflee braucht.

4. ◆ Übrigens, ich _____ _____, dass ich nächstes Jahr an
   meinem Geburtstag wegfahre.
   ● Aber warum denn?
   ◆ Diese Einladungen sind mir einfach zu viel Stress.

5. ◆ Entschuldige, aber _____ der Kuchen Nüsse?
   ● Nein. Aber warum fragst du?
   ◆ Weil ich auf Nüsse allergisch bin.

6. ◆ Wer _____ denn diese wunderschönen Blumen _____?
   ● Maria. Ja, die sind wirklich toll!

B15 Anders gesagt

Finden Sie ein passendes Verb.

1. nicht die Wahrheit sagen : _ _ _g_ _ _
2. Angestellte kündigen: _entlassen_
3. überlegen: _ _ _c_ _ _ _ _k_ _ _
4. jemanden verletzen: _ _e_ _ _ _ _
5. wenn es einem kalt ist: _ _r_ _ _ _ _
6. jemandem einen Rat geben: _b_ _ _ _t_ _ _
7. nicht sprechen: _ _ _ _w_ _ _ _ _
8. sehr schnell laufen: _ _ _n_ _ _ _
9. nicht gut riechen: _ _ _ _ _k_ _ _
10. dicker werden: _ _u_ _ _h_ _ _ _
11. etwas anschauen: _a_ _ _e_ _ _ _
12. erklären, wie etwas aussieht: _ _ _s_ _ _r_ _ _b_ _ _

B16 In der Arbeit

Schreiben Sie Fragen im Perfekt.

1. den Termin mit Herrn Braun verschieben — *Haben Sie den Termin mit Herrn Braun verschoben?* ?

2. mit Kollegen über ein neues Projekt sprechen — *Haben Sie mit den Kollegen …* ?

3. Briefe zur Post bringen — _____ ?

4. Bürotür immer abschließen — _____ ?

5. nicht die Kasse offen lassen — _____ ?

6. Preise vergleichen — _____ ?

7. neue Angebote lesen — _____ ?

8. Daten übertragen — _____ ?

9. Frau Sommer anrufen — _____ ?

10. die Telefonnummern von allen Kollegen aufschreiben — _____ ?

11. Herrn Lux treffen — _____ ?

12. Frau Schröder Blumen mitbringen — _____ ?

B17 E-Mail an einen Freund

Was passt? Markieren Sie.

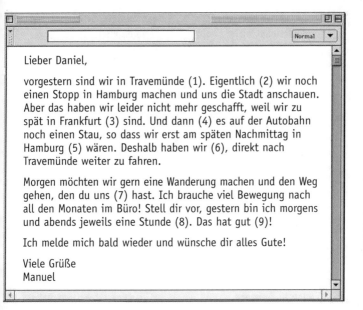

Lieber Daniel,

vorgestern sind wir in Travemünde (1). Eigentlich (2) wir noch einen Stopp in Hamburg machen und uns die Stadt anschauen. Aber das haben wir leider nicht mehr geschafft, weil wir zu spät in Frankfurt (3) sind. Und dann (4) es auf der Autobahn noch einen Stau, so dass wir erst am späten Nachmittag in Hamburg (5) wären. Deshalb haben wir (6), direkt nach Travemünde weiter zu fahren.

Morgen möchten wir gern eine Wanderung machen und den Weg gehen, den du uns (7) hast. Ich brauche viel Bewegung nach all den Monaten im Büro! Stell dir vor, gestern bin ich morgens und abends jeweils eine Stunde (8). Das hat gut (9)!

Ich melde mich bald wieder und wünsche dir alles Gute!

Viele Grüße
Manuel

1. ⬤ ankommen ⬤ angekommen
2. ⬤ wollten ⬤ durften
3. ⬤ losfahren ⬤ losgefahren
4. ⬤ gab ⬤ gibt
5. ⬤ gewesen ⬤ waren
6. ⬤ beschließen ⬤ beschlossen
7. ⬤ beschrieben ⬤ beschreiben
8. ⬤ geschwommen ⬤ schwimmen
9. ⬤ tun ⬤ getan

B18 In der Firma

Was passt zusammen?

1. Es tut mir leid, aber das stimmt nicht.
2. Könnten Sie mich bitte
3. Die Umsätze sind zum Glück
4. Wir können leider nicht ausschließen,
5. Durch den Hurrikan sind
6. Ich bin froh, dass ich mich
7. Es ist uns gelungen,
8. Haben Sie die Angebote
9. Unser Chef wurde
10. Ich habe heute

a die Verkaufszahlen fast zu verdoppeln.

b auf alle Mitarbeiter 100%-ig verlassen kann.

c hohe Schäden am Firmengebäude entstanden.

d Da haben Sie mich leider missverstanden.

e in den Rotarier-Club aufgenommen.

f schon verglichen?

g im letzten Jahr um 3,8% gestiegen.

h dass uns ein Mitarbeiter von der Kasse betrogen hat.

i ein interessantes Jobangebot erhalten.

j mit Frau Dr. Bause verbinden?

1.	2.	3.	4.	5.	6.	7.	8.	9.	10.
d									

B19 Treffen nach 25 Jahren

Ergänzen Sie im Präteritum.

> laufen • ~~sein~~ • treffen • bleiben • gehen • werden
> erhalten • sehen • erkennen • ziehen

Angela ___war___ Peters erste große Liebe und sie _____ vier Jahre unzertrennlich. Doch dann _____ Peter ein tolles Jobangebot und _____ in eine andere Stadt. Ganz langsam _____ ihre einst so innige Beziehung kaputt.

Nach 25 Jahren _____ sie sich zufällig wieder auf der Straße ihrer Heimatstadt. Zuerst _____ sie sich gar nicht und _____ im Park aneinander vorbei. Doch kurz später _____ er sie auf einer Bank in der Sonne sitzen und _____ plötzlich nervös wie einst als 16-Jähriger.

Er fragte ganz schüchtern, ob er sich zu ihr setzten darf. ...

Und wie geht die Geschichte weiter? Was glauben Sie? Schreiben Sie.

B20 Schlagzeilen

Was ist hier passiert? Schreiben Sie zu jeder Schlagzeile einen Satz im Perfekt.

Ein Toter am Wochenende:
Motorradfahrer fuhr mit hoher Geschwindigkeit in Kurve.

1. *Ein Motorradfahrer ist mit zu hoher Geschwindigkeit in die Kurve gefahren.*

18-Jähriger bestand Abitur nicht – aus Frust stahl er Auto.

2. _____

6-Jähriger warf Schneeball in offenes Fenster: Laptop ging kaputt.

3. _____

Frau verließ ihren Mann, er lief Amok.

4. _____

Angestellter betrog Firma. Der Schaden betrug 70.000 €.

5. _____

Kind rannte zu schnell um Ecke: Alte Frau erschrak und hatte Herzinfarkt.

6. _____

Auto überfuhr Katze: Kind rief Feuerwehr und Polizei.

7. _____

Forscher heben altes spanisches Handelsschiff aus Meer: Goldschatz gefunden.

8. _____

B21 Geschäftskommunikation

Ergänzen Sie.

gelten • beziehen • beraten • senden • enthalten • stehen

Sehr geehrte Frau Behringer,

ich _____ mich auf unser Telefongespräch vom 17.2.
und _____ Ihnen beiliegend unseren Prospekt. Er
_____ auch unsere aktuelle Preisliste. Diese Preise
_____ bis zum 31.12.

Für weitere Fragen zu unseren Produkten _____ wir
Ihnen jederzeit gern zur Verfügung. Unsere Mitarbeiter
vom Kundendienst _____ Sie gern.

Wir danken Ihnen für Ihr Interesse und verbleiben

mit freundlichen Grüßen

Holger Funke

Kundendienst

B22 **Ein Lebenslauf**

Ergänzen Sie im Präteritum.

1. Mit 6 Jahren _____ sie in die Grundschule.	kommen
2. Sie _____ ein fleißiges und braves Mädchen.	sein
3. Mit 8 Jahren _____ sie zum ersten Mal ins Kino.	gehen
4. Mit 18 Jahren _____ sie das Abitur mit Note 1,3.	bestehen
5. Danach _____ sie sich um einen Studienplatz für Medizin.	(sich) bewerben
6. Sie _____ einen Studienplatz in Freiburg.	bekommen
7. Dort _____ sie im Oktober mit dem Studium der Medizin _____.	anfangen
8. Mit 25 _____ sie in Freiburg als Ärztin zu arbeiten.	beginnen
9. Mit 31 heiratete sie und _____ mit ihrem Mann nach Stuttgart _____.	umziehen
10. Mit 33 _____ ihr erstes Kind geboren.	werden
11. Danach _____ sie eine Halbtagsstelle in einer Arztpraxis _____.	annehmen
12. Mit 39 _____ sie ihren Mann.	verlassen
13. Ein Jahr später _____ sie sich scheiden.	lassen
14. Nun _____ sie ihren Sohn allein.	erziehen
15. Aber ihre Eltern _____ ihr viel.	helfen
16. Mit 62 Jahren _____ sie in Rente.	gehen
17. Mit 85 _____ sie an einem Herzinfarkt.	sterben

B23 Im Winter 1946

Ergänzen Sie im Präteritum.

> (sich) brechen • frieren • besitzen • geben • ~~sein~~
> hinfallen • können • vorkommen • leiden • werden
> haben • müssen • gehen • annehmen • finden

Anni und Franz lernten sich im Januar 1946 in Berlin kennen. Das

___war___ (1) eine schwere Zeit damals nach dem Krieg. Sie _____

(2) viel Hunger und _____ (3) entsetzlich in ihrem noch halb zer-

störten Haus ohne Heizung. Wie die meisten Menschen _____ (4)

sie nicht einmal warme Kleidung für den Winter und _____ (5) nur

selten etwas Holz oder Kohlen zum Heizen des alten Ofens.

Manchmal _____ es sogar _____ (6), dass sie im Mantel ins

Bett _____ (7)! Aber richtig schlimm _____ (8) es, als Franz

auf der eisigen Straße _____ (9) und sich das Bein _____ (10).

Nun _____ (11) er den ganzen Tag zu Hause liegen und _____

(12) nicht mehr arbeiten. Deshalb _____ Anni jede Arbeit

_____ (13), die sie _____ (14). Aber leider _____ (15) es

kaum Arbeit im Winter 1946.

Heute sind Anni und Franz immer noch glücklich verheiratet. Und
wenn es kalt wird im Winter, dann denken sie noch oft an ihren
ersten gemeinsamen Winter in der Nachkriegszeit.

B24 Wissensfragen

Bilden Sie aus den Buchstaben das passende Partizip Perfekt.

1. Wer hat 1973 den Friedensnobelpreis _____? NELTEHRA

2. Wer hat die Glühbirne _____? DREFNUNE

3. Wann haben die Olympischen Sommerspiele in München _____? DNTESGAFTENUT

4. Wie hieß der Junge, den Rousseau _____ hat? GNEZROE

5. Wann wurden der Altlantik und Pazifik durch den Panama-Kanal _____? NEDVRUBEN

6. Wann ist die Titanic _____? NEGSKUEN

7. Wann hat Deutschland zum ersten Mal eine Fußball Weltmeisterschaft _____? NOGNEWNE

B25 Die erste große Liebe

Ergänzen Sie im Präteritum.

> gefallen • einladen • (sich) treffen • ~~lesen~~ • verzeihen
> unternehmen • (sich) entscheiden • spazieren gehen
> beginnen • sehen • bekommen • bringen

1. Mit 12 Jahren ___las___ Julian noch Märchenbücher.

2. Ein Jahr später _____ er regelmäßig Sport zu treiben.

3. Mit 14 verliebte er sich heftig und er _____ sich, seiner geliebten Lisa eine sms zu schreiben.

4. Also _____ Lisa eine sms von Julian, der sie für den Abend zum Eis essen _____.

5. Sie _____ sich danach regelmäßig am Abend und _____ lange am See _____.

6. Danach _____ Julian Lisa immer nach Hause.

7. Das _____ Lisas Eltern und so erlaubten sie Lisa immer mit Julian auszugehen.

8. Die beiden _____ viel zusammen und waren viele Jahre ein glückliches Paar.

9. Aber eines Tages _____ Julian, wie Lisa auf der Straße einen anderen Jungen umarmte und küsste.

10. Das _____ er ihr nicht und trennte sich sofort von ihr.

B26 Was passt zusammen?

Verbinden Sie.

1. Kleidung		a. verbringen
2. Wörter im Wörterbuch		b. aufnehmen
3. ein paar Tage am Meer		c. abheben
4. etwas vom Boden		d. aufheben
5. Geld auf der Bank		e. schieben
6. jemanden in den Club		f. aussprechen
7. Angestellte		g. vertreten
8. ein Wort richtig		h. anhaben
9. den Kinderwagen		i. nachdenken
10. über einen Vorschlag		j. verzeihen
11. einen kranken Kollegen		k. entlassen
12. jemandem einen Fehler		l. nachschlagen

1.	2.	3.	4.	5.	6.	7.	8.	9.	10.	11.	12.
										g	

B27 Über Michael Ende

Schreiben Sie den Lebenslauf von Michael Ende, dem Autor von *Momo*, im Präteritum.

... kommt (1) am 12.10.1929 in Garmisch-Partenkirchen zur Welt

... Vater ist (2) Künstler ... Mutter hat (3) kleines Geschäft ...

1931 zieht (4) Familie nach München um ... dort geht (5) er zur

Schule ... mit 14 Jahren beginnt (6) er Gedichte zu schreiben...

nach Abitur bewirbt (7) er sich an Schauspielschule in München

... 1950 schließt (8) er Schauspielschule ab ... bekommt (9)

Anstellung an kleinem Theater ... schreibt (10) nebenbei

Theaterstücke und Filmkritiken ... sein erster Erfolg ist (11) *Jim

Knopf und Lukas der Lokomotivführer* ... gewinnt (12) damit

Deutschen Kinderbuchpreis ... 1970 zieht (13) er nach Rom ...

entschließt (14) sich *Momo* zu Ende zu schreiben ... erhält (15)

für *Momo* 1974 Deutschen Jugendbuchpreis ... 1979 wird (16) *Die

unendliche Geschichte* veröffentlicht ... auch dieses Buch ist (17)

großer Erfolg ... 1995 stirbt (18) Michael Ende nach schwerer

Krankheit

*Am 12.10.1929 kam Michael Ende in .... Sein Vater war
Künstler und seine Mutter .... 1931 .... Dort ....*

B28 Rätsel

Ergänzen Sie im Präteritum.

> senden • raten • nennen • leiden • betragen
> (sich) verhalten • besitzen • sinken

1. Meine Bank ___*riet*___ mir zum Kauf dieser Aktien.
2. Mein letzter Chef war gut und gerecht. Er _____ sich immer sehr korrekt gegenüber allen Mitarbeitern.
3. Die UNO _____ 5.000 Soldaten in das Krisengebiet.
4. Im letzten Jahr _____ die Arbeitslosenzahl um 0,8%.
5. Nach dem letzten Hochwasser _____ der Schaden an unserem Haus über 20.000 €.
6. Nach dem Hurrikan _____ sie nur noch die Kleidung, die sie am Körper trug.
7. Woran ist denn Ihre Mutter gestorben? – Sie _____ schon viele Jahre an Krebs.
8. Früher _____ mich alle „Schlafmütze", weil ich immer so gern und viel geschlafen habe.

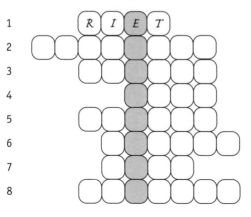

1 R I E T
2
3
4
5
6
7
8

Schreiben Sie nun die Formen in das Rätsel. Die Buchstaben in der senkrechten Spalte ergeben das Lösungswort. Es ist der Name eines berühmten deutschen Nobelpreisträgers. (ß=ss)

B29 Nobelpreisträger privat

Ergänzen Sie die Verben im Präteritum.

> gehen • rufen • sein • ~~stehen~~ • kommen • werden
> sein • beweisen • treffen • sollen • lassen • kommen
> sein • werden • sein • geben

1. **Henry Kissinger** (*1923), Friedensnobelpreisträger 1973, _stand_
   als Politiker immer in der ersten Reihe. Als Privatmensch _____
   er zeitlebens ein großer Fan des Zweitligaclubs Greuther Fürth.
   Angeblich _____ er sich jeden Montag das Spielergebnis auf den
   Schreibtisch legen. Woher die Liebe zu dem Fürther Fußballclub
   _____? Kissinger _____ in Fürth geboren.

2. **Richard Feynman** (1918-1988), US-Nobelpreisträger für Physik
   1965, _____ ein liberaler Geist und Aktzeichnen _____ sein
   großes Hobby. Mehrmals pro Woche _____ er in einen Nachtclub.
   Als dieser nach einer Razzia geschlossen werden _____, _____
   Feynman für die damalige Zeit viel Mut, indem er sich öffentlich
   für dessen Erhalt einsetzte. Bei der Polizei _____ er zu
   Protokoll: „Hierher kommen Angestellte, Handwerker,
   Geschäftsleute und ein Physikprofessor!"

3. **Albert Einstein** (1879-1955) Physik-Nobelpreisträger 1921 und
   Mozart-Liebhaber, _____ nicht nur für seinen Intellekt bekannt,
   sondern auch für seine Probleme bei Intonation und Taktgefühl.
   Deutlich _____ das immer, wenn er sich mit Freunden zur
   Hausmusik _____.
   Einmal _____ Einstein mit seiner Violine so sehr aus dem Takt,
   dass ein Mitmusiker völlig entnervt _____: „Einstein, werden Sie
   denn niemals lernen, bis drei zu zählen?"

F1 Verben mit Vokalwechsel

Ergänzen Sie.

ich	du	er/sie
1. _spreche_	_sprichst_	spricht
2. fahre		
3. _____	fängst an	
4. sehe		
5. _____	_____	wird
6. _____	_____	weiß
7. lade ein		
8. _____	triffst	
9. empfehle		
10. _____	_____	isst
11. _____	wäschst	
12. gebe		
13. _____	schläfst	
14. nehme mit		
15. _____	_____	läuft
16. verspreche		
17. _____	_____	hält
18. _____	gefällst	
19. sterbe		
20. _____	_____	trägt
21. vergesse		
22. lese		
23. _____	schlägst vor	
24. wasche		
25. _____	brätst	
26. _____	_____	hilft
27. backe		

F2 *sein* und *haben* im Präsens

Ergänzen Sie die Tabelle.

ich	bin	
du		
er/sie/es		hat
wir		
ihr		
sie/Sie		

F3 Modalverben im Präsens (I)

Ergänzen Sie die Tabelle.

ich	möchte					
du			willst			
er/sie/es		kann				
wir					müssen	
ihr						sollt
sie/Sie				dürfen		

F4 Modalverben im Präsens (II)

Ergänzen Sie.

1. dürfen: Ihr ___*dürft*___ noch bleiben.
2. mögen: Wir _____ jetzt kochen.
3. sollen: Du _____ jetzt anfangen.
4. können: Er _____ gut Italienisch.
5. wollen: Sie (Pl.) _____ nicht kommen.
6. sollen: Er _____ sie anrufen.
7. dürfen: Hier _____ Sie nicht parken.
8. müssen: Ihr _____ jetzt gehen.
9. können: Wir _____ nicht mitkommen.
10. mögen: Ich _____ jetzt schlafen.
11. wollen: Er _____ Deutsch lernen.
12. müssen: Du _____ das machen.
13. können: Sie (Pl.) _____ gut schwimmen.
14. sollen: Sie _____ mitfahren.

F5 *sein* und *haben* im Präteritum

Ergänzen Sie die Tabelle.

		hatte
du		
er/sie/es	war	
wir		
ihr		
sie/Sie		

(erste Spalte oben: ich)

F6 Infinitiv und Perfekt

Ergänzen Sie.

	Infinitiv	Präteritum er/sie	Perfekt er/sie
1.	_werden_	wurde	_ist_ _geworden_
2.	_____	tat	____ _____
3.	_____	brachte	____ _____
4.	_____	fiel ein	____ _____
5.	_____	zog sich um	____ _____
6.	_____	verstand	____ _____
7.	_____	trug	____ _____
8.	_____	stieg um	____ _____
9.	_____	gab aus	____ _____
10.	_____	blieb	____ _____
11.	_____	ließ	____ _____
12.	_____	hing	____ _____
13.	_____	behielt	____ _____
14.	_____	fand statt	____ _____
15.	_____	bat	____ _____
16.	_____	lag	____ _____
17.	_____	unterschrieb	____ _____
18.	_____	blieb stehen	____ _____
19.	_____	unterhielt sich	____ _____
20.	_____	zog um	____ _____

F7 Perfekt

Ergänzen Sie.

1. ich laufe	*ich bin gelaufen*
2. er kennt	
3. wir denken	
4. ihr fahrt	
5. sie ziehen um	
6. sie bekommt	
7. wir kommen an	
8. ihr fliegt	
9. ich rufe an	
10. er tut	
11. sie heißt	
12. du schwimmst	
13. es scheint	
14. ich bin dabei	
15. Sie kommen zurecht	
16. du verstehst	
17. sie liegt	
18. wir verlieren	
19. ihr fallt	
20. wir geben aus	

F8 Präteritum und Perfekt

Ordnen Sie die Verben und ergänzen Sie den Infinitiv..

> tat • ~~gekannt~~ • war dabei • verglichen • brachte mit
> dabei gewesen • zog sich aus • schrieb auf • lag • rief an
> sprach • sah fern • getan • fand • ließ • stritt
> überwiesen • schlief • verglich • ~~kannte~~ • geschlafen
> gelassen • ausgezogen • gestritten • gelegen • angerufen
> gesprochen • überwies • mitgebracht • ferngesehen
> aufgeschrieben • gefunden

Infinitiv	Präteritum	Perfekt
kennen	*kannte*	*gekannt*

F9 Formen des Partizip Perfekt

Ergänzen Sie das Partizip Perfekt in der richtigen Spalte.

abfahren • beginnen • schlafen • anrufen • bestehen
losgehen • streiten • wegwerfen • gefallen
umziehen • verschieben • sprechen • verstehen
riechen • leihen • mitkommen • schreiben • einsteigen
abfliegen • gewinnen

ge_____en	_____en	__ge_____en
geschlafen	begonnen	abgefahren

F10 *haben* oder *sein* im Perfekt

Welche Verben bilden das Perfekt mit *sein* und welche mit *haben*?
Markieren Sie.

	+ haben	+ sein
1. nehmen	✘	○
2. fahren	○	✘
3. sprechen	○	○
4. gehen	○	○
5. wissen	○	○
6. beginnen	○	○
7. werden	○	○
8. weggehen	○	○
9. verlieren	○	○
10. sein	○	○
11. sterben	○	○
12. leihen	○	○
13. halten	○	○
14. spazieren gehen	○	○
15. denken	○	○
16. teilnehmen	○	○
17. einziehen	○	○
18. fallen	○	○
19. schlafen	○	○
20. aufstehen	○	○

F11 Trennbar oder untrennbar? (I)

Ordnen Sie.

abschließen • anbieten • bekommen • aussteigen • verschieben
teilnehmen • ankommen • vergessen • vorschlagen
umsteigen • empfehlen • abgeben • gewinnen • beginnen
versprechen • wegwerfen • bestehen • mitbringen
aufstehen • behalten • verlieren • stattfinden • weggehen

trennbar	untrennbar
abschließen	*vergessen*

F12 Trennbar oder untrennbar? (II)

Bilden Sie mit den Verben der Übung F11 das Perfekt und ergänzen
Sie *haben* oder *sein*.

trennbar	untrennbar
ich habe abgeschlossen	*ich habe vergessen*

F13 Trennbare Verben

Welches Präfix passt? Manchmal gibt es mehrere Lösungen.

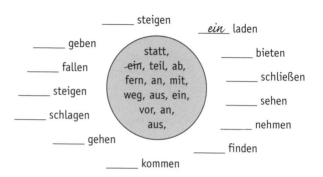

_____ steigen

ein laden

_____ geben

_____ bieten

_____ fallen

_____ schließen

_____ steigen

_____ sehen

_____ schlagen

_____ nehmen

_____ gehen

_____ finden

_____ kommen

statt, ein, teil, ab, fern, an, mit, weg, aus, ein, vor, an, aus,

F14 Wo passen die Verben?

Ordnen Sie die Verben nach Stammvokalen.

fahren • ~~schließen~~ • schlafen • schreiben • lesen • trinken
leihen • helfen • raten • geben • gelingen • waschen
schieben • nehmen

	Präsens	Präteritum	Perfekt
	ie	**o**	**o**
1.	*schließen*	*schloss*	*geschlossen*
2.			
	i	**a**	**u**
3.			
4.			
	e	**a**	**e**
5.			
6.			
	a	**ie**	**a**
7.			
8.			
	e	**a**	**o**
9.			
10.			
	ei	**ie**	**ie**
11.			
12.			
	a	**u**	**a**
13.			
14.			

F15 Silbenrätsel

Finden Sie die Formen im Partizip Perfekt.

en • ge • aus • en • gen • be • en • bot • ge • log
en • ge • trog • gang • en • er • stand • en
fund • en • ge • schlaf • wog • ver • en • ge • en
zwung • en • ein • ge • en • auf • golt • ge • geb
er • zog • en • ent • ge • lun • schob • en • ge

Infinitiv	Partizip Perfekt
1. gelingen	*gelungen*
2. betrügen	
3. verbieten	
4. lügen	
5. ausgehen	
6. erfinden	
7. wiegen	
8. zwingen	
9. einschlafen	
10. aufgeben	
11. erziehen	
12. entstehen	
13. schieben	
14. gelten	

F16 Präsens und Perfekt

Ergänzen Sie.

Präsens	Perfekt
1. Geht er jetzt?	Nein, er _ist_ schon _gegangen_.
2. Schließt du noch ab?	Ich _____ schon _____.
3. Schneiden Sie bitte das Brot!	Ich _____ es schon _____.
4. Wann _____ der Film ____?	Er hat schon angefangen.
5. Wann _____ wir?	Wir haben schon gegessen.
6. Wann ziehen Sie in die neue Wohnung ein?	Ich _____ schon _____.
7. Weißt du, wann das Wetter wieder besser wird?	Aber es _____ doch schon besser _____!
8. Wann trefft ihr euch denn?	Wir _____ uns schon gestern Abend _____.

F17 Modalverben im Präteritum (I)

Was ist richtig? Markieren Sie.

	du	ihr	er	Sie	
1. Wolltet	●	●	●	●	den Film auch gern sehen?
2. Durftest	●	●	●	●	denn nicht studieren?
3. Sollten	●	●	●	●	nicht schon längst da sein?
4. Konntet	●	●	●	●	nicht früher kommen?
5. Musstest	●	●	●	●	so früh aufstehen?
6. Durfte	●	●	●	●	dein Fahrrad benutzen?
7. Wollten	●	●	●	●	das Zimmer für drei Nächte?
8. Konnte	●	●	●	●	schon immer so gut Klavier spiele

F18 Modalverben im Präteritum (II)

Ergänzen Sie die Tabelle.

ich			sollte		
du	wolltest				
er/sie/es					
wir		konnten			
ihr					musstet
sie/Sie				durften	

F19 Modalverb im Präsens oder Präteritum (I)

Ordnen Sie.

> will • konnte • wolltest • musstest • kann • darfst
> durften • soll • kannst • sollten • möchtest • durfte
> wollten • muss • darf • solltest • wollen • möchten
> mussten • konntest • musste • dürfen

Präsens ich	du	wir
will		

Präteritum ich	du	wir
		durften

F20 *haben* oder *sein*?

Welche Verben bilden das Perfekt mit *sein*? Markieren Sie.

betragen   zwingen   (wachsen)   schlagen

entstehen   sein   senden   abnehmen   verraten

ausgehen   rennen   beweisen   sich beziehen

sich brechen   einschlafen   überfahren   springen

vorkommen   treten   weh tun   schieben   nennen

erhalten   erscheinen   brennen   gelingen

F21 Modalverb im Präsens oder Präteritum (II)

Schreiben Sie.

Präsens	Präteritum
1. Heute muss er länger arbeiten.	Gestern _musste er auch länger arbeiten_ .
2. Sollt ihr nicht mitkommen?	_____ ?
3. Jetzt _____ _____ .	Als Kind durfte ich keinen Alkohol trinken.
4. Wie können Sie sich bei diesem Lärm konzentrieren?	_____ _____ ?
5. _____ _____ .	Petra wollte früher nie fliegen. Sie hatte Angst.
6. Wir müssen noch die Wohnung putzen.	_____ _____ .
7. Heute _____ _____ .	Früher konnte Alex nicht gut Französisch.
8. Ich will mit dieser Übung aufhören!	_____ nicht _____ _____ !

F22 Präteritum

Welche Verben haben sich hier versteckt? Er/sie ...
Suchen Sie 14 Verben im Präteritum (horizontal oder vertikal). (ß = ss)

V	E	R	S	T	A	N	D	V
E	B	O	T	S	A	N	G	E
R	A	C	A	S	S	B	C	R
G	T	H	R	H	I	E	S	S
L	F	A	B	L	I	E	B	C
I	L	I	E	H	S	A	L	H
C	O	S	T	R	I	T	T	O
H	G	H	O	M	V	E	R	B
U	N	T	E	R	N	A	H	M

F23 e-a-o – Was passt wo?

Ordnen Sie die Verben nach Stammvokalen.

> erscheinen • nehmen • erfinden • fressen • verraten
> fließen • betragen • ausschließen • vertreten • sinken
> verlassen • beweisen • gelten • nachschlagen

ie-o-o		
i-a-u		
e-a-e		
a-ie-a		
e-a-o	*nehmen*	
ei-ie-ie	*erscheinen*	
a-u-a		

Stammformen zum Nachschlagen

Stammformen zum Nachschlagen

Alle Stammformen der unregelmäßigen Verben von A1, A2 und B1, alphabetisch geordnet:

Infinitiv	Präsens	Präteritum	Perfekt
	er, sie ...	er, sie ...	er, sie ...
backen	bäckt	backte	hat gebacken
beginnen		begann	hat begonnen
betrügen		betrog	hat betrogen
beweisen		bewies	hat bewiesen
bewerben	bewirbt	bewarb	hat beworben
bieten		bot	hat geboten
binden		band	hat gebunden
bitten		bat	hat gebeten
bleiben		blieb	ist geblieben
braten	brät	briet	hat gebraten
brechen	bricht	brach	hat gebrochen
brennen		brannte	hat gebrannt
bringen		brachte	hat gebracht
denken		dachte	hat gedacht
dürfen	darf	durfte	hat gedurft/hat dürfen
empfehlen	empfiehlt	empfahl	hat empfohlen
erschrecken	erschrickt	erschrak	ist erschrocken
essen	isst	aß	hat gegessen
fahren	fährt	fuhr	ist gefahren
fallen	fällt	fiel	ist gefallen
fangen	fängt	fing	hat gefangen
finden		fand	hat gefunden
fliegen		flog	ist/hat geflogen
fließen		floss	ist geflossen
fressen	frisst	fraß	hat gefressen
frieren		fror	hat gefroren
geben	gibt	gab	hat gegeben
gehen		ging	ist gegangen
gelingen		gelang	ist gelungen

gelten	gilt	galt	hat gegolten
geschehen	geschieht	geschah	ist geschehen
gewinnen		gewann	hat gewonnen
haben		hatte	hat gehabt
halten	hält	hielt	hat gehalten
hängen		hing	hat gehangen
heben		hob	hat gehoben
heißen		hieß	hat geheißen
helfen	hilft	half	hat geholfen
kennen		kannte	hat gekannt
kommen		kam	ist gekommen
können	kann	konnte	hat gekonnt/hat können
laden	lädt	lud	hat geladen
lassen	lässt	ließ	hat gelassen
laufen	läuft	lief	ist gelaufen
leiden		litt	hat gelitten
leihen		lieh	hat geliehen
lesen	liest	las	hat gelesen
liegen		lag	ist/hat gelegen
lügen		log	hat gelogen
messen	misst	maß	hat gemessen
mögen	mag	mochte	hat gemocht
müssen	muss	musste	hat gemusst/hat müssen
nehmen	nimmt	nahm	hat genommen
nennen		nannte	hat genannt
raten	rät	riet	hat geraten
rennen		rannte	ist gerannt
riechen		roch	hat gerochen
rufen		rief	hat gerufen
scheiden		schied	hat geschieden
scheinen		schien	hat geschienen
schieben		schob	hat geschoben
schlafen	schläft	schlief	hat geschlafen
schlagen	schlägt	schlug	hat geschlagen
schließen		schloss	hat geschlossen
schneiden		schnitt	hat geschnitten

schreiben		schrieb	hat geschrieben
schreien		schrie	hat geschrieen
schweigen		schwieg	hat geschwiegen
schwimmen		schwamm	ist geschwommen
sehen	sieht	sah	hat gesehen
sein	ist	war	ist gewesen
senden		sandte/sendete	hat gesandt/gesendet
singen		sang	hat gesungen
sinken		sank	ist gesunken
sitzen		saß	ist/hat gesessen
sprechen	spricht	sprach	hat gesprochen
springen		sprang	ist gesprungen
stehen		stand	ist/hat gestanden
stehlen	stiehlt	stahl	hat gestohlen
steigen		stieg	ist gestiegen
sterben	stirbt	starb	ist gestorben
stinken		stank	hat gestunken
streiten		stritt	hat gestritten
tragen	trägt	trug	hat getragen
treffen	trifft	traf	hat getroffen
treiben		trieb	hat getrieben
treten	tritt	trat	hat getreten
trinken		trank	hat getrunken
tun		tat	hat getan
überweisen		überwies	hat überwiesen
vergessen	vergisst	vergaß	hat vergessen
vergleichen		verglich	hat verglichen
verlieren		verlor	hat verloren
verzeihen		verzieh	hat verziehen
wachsen	wächst	wuchs	ist gewachsen
waschen	wäscht	wusch	hat gewaschen
werden	wird	wurde	ist geworden
werfen	wirft	warf	hat geworfen
wiegen		wog	hat gewogen
wissen	weiß	wusste	hat gewusst
ziehen		zog	hat gezogen
zwingen		zwang	hat gezwungen

Lernen nach Stammvokalen

Lernen nach Stammvokalen

Alle Stammformen der unregelmäßigen Verben von A1, A2 und B1, nach Stammvokalen geordnet:

Infinitiv	Präteritum	Perfekt
i	**a**	**u**
binden	band	hat gebunden
finden	fand	hat gefunden
gelingen	gelang	ist gelungen
singen	sang	hat gesungen
sinken	sank	ist gesunken
springen	sprang	ist gesprungen
stinken	stank	hat gestunken
trinken	trank	hat getrunken
zwingen	zwang	hat gezwungen
ie	**o**	**o**
bieten	bot	hat geboten
fliegen	flog	ist/hat geflogen
fließen	floss	ist geflossen
frieren	fror	hat gefroren
riechen	roch	hat gerochen
schieben	schob	hat geschoben
schließen	schloss	hat geschlossen
verlieren	verlor	hat verloren
wiegen	wog	hat gewogen
ziehen	zog	hat gezogen
ei	**ie**	**ie**
beweisen	bewies	hat bewiesen
bleiben	blieb	ist geblieben
heißen	hieß	hat geheißen
leihen	lieh	hat geliehen
scheiden	schied	hat geschieden
scheinen	schien	hat geschienen
schreiben	schrieb	hat geschrieben
schreien	schrie	hat geschrien
schweigen	schwieg	hat geschwiegen

steigen	stieg	ist gestiegen
treiben	trieb	hat getrieben
überweisen	überwies	hat überwiesen
verzeihen	verzieh	hat verziehen

ei	**i**	**i**
leiden	litt	hat gelitten
schneiden	schnitt	hat geschnitten
streiten	stritt	hat gestritten
vergleichen	verglich	hat verglichen

e	**a**	**o**
bewerben	bewarb	hat beworben
brechen	brach	hat gebrochen
empfehlen	empfahl	hat empfohlen
erschrecken	erschrak	hat erschrocken
gelten	galt	hat gegolten
helfen	half	hat geholfen
nehmen	nahm	hat genommen
sprechen	sprach	hat gesprochen
stehlen	stahl	hat gestohlen
sterben	starb	ist gestorben
treffen	traf	hat getroffen
werfen	warf	hat geworfen

i	**a**	**o**
beginnen	begann	hat begonnen
gewinnen	gewann	hat gewonnen
schwimmen	schwamm	ist/hat geschwommen

e	**a**	**e**
essen	aß	hat gegessen
fressen	fraß	hat gefressen
geben	gab	hat gegeben
geschehen	geschah	ist geschehen
lesen	las	hat gelesen
messen	maß	hat gemessen
sehen	sah	hat gesehen
treten	trat	hat getreten
vergessen	vergaß	hat vergessen

i	a	e
bitten	bat	hat gebeten
liegen	lag	hat gelegen
sitzen	saß	ist/hat gesessen

a	u	a
fahren	fuhr	ist/hat gefahren
laden	lud	hat geladen
schlagen	schlug	hat geschlagen
tragen	trug	hat getragen
wachsen	wuchs	ist gewachsen
waschen	wusch	hat gewaschen

a	ie/i	a
braten	briet	hat gebraten
fallen	fiel	ist gefallen
fangen	fing	hat gefangen
hängen	hing	ist/hat gehangen
halten	hielt	hat gehalten
lassen	ließ	hat gelassen
raten	riet	hat geraten
schlafen	schlief	hat geschlafen

e/i	a	a
brennen	brannte	hat gebrannt
bringen	brachte	hat gebracht
denken	dachte	hat gedacht
kennen	kannte	hat gekannt
nennen	nannte	hat genannt
rennen	rannte	ist gerannt
senden	sandte	hat gesandt
stehen	stand	ist/gestanden

ü	u	u
dürfen	durfte	hat gedurft/dürfen
müssen	musste	hat gemusst/müssen

ö	o	o
können	konnte	hat gekonnt/können
mögen	mochte	hat gemocht/mögen

ohne Regelmäßigkeit

backen	backte	hat gebacken
betrügen	betrog	hat betrogen
gehen	ging	ist gegangen
haben	hatte	hat gehabt
heben	hob	hat gehoben
kommen	kam	ist gekommen
laufen	lief	ist gelaufen
lügen	log	hat gelogen
rufen	rief	hat gerufen
sein	war	ist gewesen
tun	tat	hat getan
werden	wurde	ist geworden
wissen	wusste	hat gewusst

Lösungen A1 + A2

A1 1d / 2g / 3f / 4i / 5h / 6l / 7k /
8a / 9c / 10e / 11b / 12j

A2 1. ist 2. ist 3. ist 4. habe
5. hat 6. sind 7. habt 8. sind
9. ist 10. ist 11. haben 12. ist
13. hat 14. ist

A3 1. Sind 2. Hast, bin 3. Seid
4. ist, ist 5. ist, ist 6. hast
7. Sind 8. bist, habe

A4 1. Können 2. möchte 3. müssen
4. Soll 5. muss/ möchte 6. darf
7. Willst 8. kann
1f / 2c / 3h / 4a / 5g / 6b / 7e / 8d

A5 1. haben geschlafen 2. sind aufgestanden 3. haben angezogen
4. hat angerufen 5. hat geholfen
6. hat gegessen 7. sind gefahren
8. sind geschwommen 9. haben
ferngesehen 10. ist gegangen

A6 1c / 2g / 3f / 4h / 5a / 6j / 7i /
8b / 9d / 10e

A7 1. weggeworfen 2. einziehen
3. gewonnen, verloren 4. kommt
an, abgefahren 5. eingestiegen
6. essen, gegessen, trinken

A8 1.aufstehen 2. schwimmen
3. spazieren gehen 4. tragen
5. unternehmen 6. lesen
7. trinken 8. fahren 9. essen
10. unterhalten

A9 1. sind aufgestanden 2. sind
geschwommen 3. sind spazieren
gegangen 4. haben getragen
5. haben unternommen 6. haben
gelesen 7. haben getrunken
8. sind gefahren 9. haben gegessen 10. haben unterhalten

A10 1. schneiden 2. teilnehmen
3. backen 4. singen 5. braten
6. unterschreiben 7. überweisen
8. abschließen 9. leihen
10. stehen bleiben

A11 1. können 2. darf 3. dürfen
4. Kannst 5. Könnt, kann 6. darf

A12 1. sollst 2. muss 3. soll, Soll
4. musst 5. sollen 6. Soll, muss

A13 haben geschlafen, haben/sind
gelegen, haben eingeladen, haben
gebacken, haben gewaschen,
sind gefahren, haben unternommen,
sind spazieren gegangen, haben
geschrieben, haben ferngesehen,
haben gelesen, haben ausgegeben,
sind aufgestanden

A14 1. kann, muss, will/möchte, habe,
Möchtest/willst 2. Ist, soll
3. darf, muss

A15 1. bestanden 2. vergleichen
3. Hilf 4. heißt 5. verschieben
6. nimmt teil 7. umziehen
8. fällt ein 9. Schreiben auf
10. Wissen 11. kommen zurecht
12. übertragen 13. habe mitge-
nommen, habe gelassen 14. verstanden 15. angefangen

A16 1. empfohlen 2. überwiesen
3. weggeworfen 4. begonnen
5. gebracht 6. angeboten

A17 1. abschließen 2. bestehen
3. schwimmen 4. schneiden
5. fliegen 6. anbieten
7. unterschreiben 8. teilnehmen
9. backen 10. liegen
11. spazieren gehen 12. gewinnen

A18 1. verschieben, unterschreiben
2. kommen zurecht 3. findet statt,
nimmt teil 4. habe gedacht, ver-

gleichen, ankommen, umsteigen,
bin weg   5. überwiesen, vergessen

A19 1. schreib auf   2. gib   3. lies
4. Wirf weg   5. vergiss   6. iss
7. Bring mit   8. Sprich   9. hilf
10. Kommen mit

A20 1. seid umgezogen   2. hast
geschlossen   3. ist gestorben
4. hat gefallen   5. habt gestritten
6. Hat gehangen   7. bist geworden
8. habe getan   9. hat gerochen
10. ist abgeflogen   11. bist weggegangen   12. hast ausgegeben
13. Hast angerufen   14. hat verloren
15. hat begonnen

A21 1. treffen   2. gefunden, verloren
3. gesprochen   4. gewusst, Bleib
5. gewonnen   6. scheint   7. Kennst

A22 1. war, Hatten, war, war, hatten,
war, hatten, hatten   2. wart, waren,
hatten, waren, war   3. Hatte, war,
hatte

A23 sind angekommen, haben gefunden,
haben gelassen, sind gegangen,
haben gegessen, sind gefallen

A24 1. wollten   2. Konntet   3. will
4. sollst   5. dürfen   6. musst

A25 1. wollte   2. mussten, können
3. durfte, dürfen   4. sollte, wollte,
können, wollen   5. musste
6. konnte, kann

A26 1.wollte   2. durfte   3. sollte
4. wollte   5. musste   6. wollte
7. konnte   8. wollte

A27 1. ist aufgestanden   2. hat
gebracht, abgegeben   3. ist geflogen, hat gehalten   4. hat ausgese-
hen   5. hat unterhalten   6. ist
geblieben, ist geflogen   7. gestan-

den ist   8. hat bekommen, gebeten
hat   9. hat vorgeschlagen, war,
wollte   10. war, gefahren   11. ist
gekommen, hat umgezogen, gesehen

A28 1. ist   2. schläft   3. liegt, liest
4. bin aufgestanden, bäckt   5. hat
versprochen   6. gehe   7. gefällt,
unternehmen, unterhalten   8. ist
9. fährt, bekomme   10. essen,
sehen   11. ist

A29 1. war   2. schlief   3. lag, las
4. war aufgestanden (= Plusquamperfekt), backte   5. hatte versprochen (= Plusquamperfekt)   6. ging
7. gefiel, unternahmen, unterhielten
8. war   9. fuhr, bekam   10. aßen,
sahen   11. war

Lösungen B1

B1 aufgeschrieben habe, habe gewaschen, habe abgegeben, habe weggeworfen, hast gebracht, hast
geholfen, gebacken, geschrieben

B2 1. umziehen   2. verlassen
3. schreien   4. zu sein   5. backen
6. wachsen   7. gefallen
8. beschreiben   9. springen
10. unterscheiden

B3 komm, anbieten, riecht, Hast
gebacken, kommst, sieht aus,
geben, schreibe auf, abzunehmen

B4 1. stinkt, tun, riecht   2. Hast gewaschen, schließt   3. ist gelungen
4. enthält, esse   5. helfen, schlagen, gehoben hast

B5 1. Kommst mit   2. kommt an
3. Kommt vor   4. fahren los
5. überfahren   6. fährt ab   7. einziehen, ausgezogen sind   8. ziehen
um   9. umziehen   10. zieht aus

B6 ist gegangen, gestiegen, ist gefahren, hat getroffen, ist geblieben, hat getrunken, haben gelassen, sind gelaufen, sind gekommen, ist gefahren, ist angekommen

B7 fallen, fließen, rennen, springen, ausgehen, losgehen, einziehen

B8 1. geht an, verrat (=Imperativ) 2. habt vor, haben entschieden 3. ist geschehen, hat getreten, gefallen lassen 4. mitkommen, beraten, ruf an 5. erkennt

B9 hat gebracht, hat gewaschen, hat abgehoben, ist gegangen, ist geschwommen, hat gebacken, hat abgegeben, ist ausgegangen

B10 brachte, wusch, hob ab, ging, schwamm, backte, gab ab, ging aus

B11 1. wiege 2. verbrachten 3. wusch ab 4. hatte an 5. schlief ein 6. nannten 7. nahm zu 8. schlugen 9. schwiegen

B12 1. habt geschoben 2. ist erschienen 3. hat vertreten 4. haben beschlossen 5. haben beworben 6. hast erkannt 7. erfunden hat 8. Haben gemessen 9. hast verraten 10. seid losgefahren 11. sind gestiegen 12. hast abgehoben 13. Hat bestanden 14. haben abgenommen 15. haben geraten

B13 1. beweisen 2. bewerben 3. abnehmen 4. widersprechen

B14 1. Hast gewaschen, habe geschnitten 2. hast umgezogen 3. nachschlagen 4. habe beschlossen 5. enthält 6. hat mitgebracht

B15 1. lügen 2. entlassen 3. nachdenken 4. weh tun 5. frieren 6. beraten 7. schweigen 8. rennen 9. stinken 10. zunehmen 11. ansehen 12. beschreiben

B16 1. verschoben 2. gesprochen 3. gebracht 4. abgeschlossen 5. gelassen 6. verglichen 7. gelesen 8. übertragen 9. angerufen 10. aufgeschrieben 11. getroffen 12. mitgebracht

B17 1. angekommen 2. wollten 3. losgefahren 4. gab 5. gewesen 6. beschlossen 7. beschrieben 8. geschwommen 9. getan

B18 1d / 2j / 3g / 4h / 5c / 6b / 7a / 8f / 9e / 10i

B19 war, blieben, erhielt, zog, ging, trafen, erkannten, liefen, sah, wurde

B20 1. ist gefahren 2. hat bestanden, hat gestohlen, 3. hat geworfen, ist kaputt gegangen 4. hat verlassen, ist gelaufen 5. hat betrogen, hat betragen 6. ist gerannt, ist erschrocken 7. hat überfahren, hat gerufen 8. haben gehoben, haben gefunden

B21 beziehe, sende, enthält, gelten, stehen, beraten

B22 1. kam 2. war 3. ging 4. bestand 5. bewarb 6. bekam 7. fing an 8. begann 9. zog um 10. wurde 11. nahm an 12. verließ 13. ließ 14. erzog 15. halfen 16. ging 17. starb

B23 1. war 2. litten 3. froren 4. besaßen 5. hatten 6. kam vor 7. gingen 8. wurde 9. hinfiel 10. brach 11. musste 12. konnte 13. nahm an 14. fand 15. gab

B24 1. erhalten 2. erfunden 3. stattgefunden 4. erzogen 5. verbunden 6. gesunken 7. gewonnen

B25 1. las 2. begann 3. entschied 4. bekam, einlud 5. trafen, gingen spazieren 6. brachte 7. gefiel 8. unternahmen 9. sah 10. verzieh

B26 1h / 2l / 3a / 4d / 5c / 6b / 7k / 8f / 9e / 10i / 11g / 12j

B27 1. kam 2. war 3. hatte 4. zog um 5. ging 6. begann 7. bewarb

8. schloss ab 9. bekam 10. schrieb 11. war 12. gewann 13. zog 14. entschloss 15. erhielt 16. wurde 17. war 18. starb

B28 1. RIET 2. VERHIELT 3. SANDTE 4. SANK 5. BETRUG 6. BESASS 7. LITT 8. NANNTEN Lösungswort: EINSTEIN

B29 1. stand, war, ließ, kam, wurde 2. war, war, ging, sollte, bewies, gab 3. war, wurde, traf, kam, rief

Lösungen Formen üben A1 - B1

F1 1.spreche, sprichst 2. fährst, fährt 3. fange an, fängt an 4. siehst, sieht 5. werde, wirst 6. weiß, weißt 7. lädst ein, lädt ein 8.treffe, trifft 9. empfiehlst, empfiehlt 10. esse, isst 11. wasche, wäscht 12. gibst, gibt 13. schlafe, schläft 14. nimmst mit, nimmt mit 15. laufe, läufst 16. versprichst, verspricht 17. halte, hältst 18. gefalle, gefällt 19. stirbst, stirbt 20. trage, trägst 21.vergisst, vergisst 22. liest, liest 23. schlage vor, schlägt vor 24. wäschst, wäscht 25. brate, brät 26. helfe, hilfst 27. bäckst, bäckt

F2

ich	bin	habe
du	bist	hast
er/sie/es	ist	hat
wir	sind	haben
ihr	seid	habt
sie/Sie	sind	haben

F3

ich	möchte	kann	will	darf	muss	soll
du	möchtest	kannst	willst	darfst	musst	sollst
er/sie/es	möchte	kann	will	darf	muss	soll
wir	möchten	können	wollen	dürfen	müssen	sollen
ihr	möchtet	könnt	wollt	dürft	müsst	sollt
sie/Sie	möchten	können	wollen	dürfen	müssen	sollen

F4 1. dürft 2. möchten 3. sollst 4. kann 5. wollen 6. soll 7. dürfen 8. müsst 9. können 10. möchte 11. will 12. musst 13. können 14. soll

F5

ich	war	hatte
du	warst	hattest
er/sie/es	war	hatte
wir	waren	hatten
ihr	wart	hattet
sie/Sie	waren	hatten

F6 1. werden, ist geworden 2. tun, hat getan 3. bringen, hat gebracht 4. einfallen, ist eingefallen 5. sich umziehen, hat sich umgezogen 6. verstehen, hat verstanden 7. tragen, hat getragen 8. umsteigen, ist umgestiegen 9. ausgeben, hat ausgegeben 10. bleiben, ist geblieben 11. lassen, hat gelassen 12. hängen, hat gehangen 13. behalten, hat behalten 14. stattfinden, hat stattgefunden 15. bitten, hat gebeten 16. liegen, hat/ist gelegen 17. unterschreiben, hat unterschrieben 18. stehen bleiben, ist stehen geblieben 19. sich unterhalten, hat sich unterhalten 20. umziehen, ist umgezogen

F7 1. ich bin gelaufen 2. er hat gekannt 3. wir haben gedacht 4. ihr seid gefahren 5. sie sind umgezogen 6. sie hat bekommen 7. wir sind angekommen 8. ihr seid geflogen 9. ich habe angerufen 10. er hat getan 11. sie hat geheißen 12. du bist geschwommen 13. es hat geschienen 14. ich bin dabei gewesen 15. Sie sind zurechtgekommen 16. du hast verstanden 17. sie hat/ist gelegen 18. wir haben verloren 19. ihr seid gefallen 20. wir haben ausgegeben

F8

Infinitiv	Präteritum	Perfekt
kennen	kannte	gekannt
überweisen	überwies	überwiesen
vergleichen	verglich	verglichen
mitbringen	brachte mit	mitgebracht
ausziehen	zog aus	ausgezogen
liegen	lag	gelegen
anrufen	rief an	angerufen
sprechen	sprach	gesprochen
fernsehen	sah fern	ferngesehen
aufschreiben	schrieb auf	aufgeschrieben
dabei sein	war dabei	dabei gewesen
finden	fand	gefunden
lassen	ließ	gelassen
streiten	stritt	gestritten
schlafen	schlief	geschlafen
tun	tat	getan

F9

ge____en	____en	__ge__en
geschlafen	begonnen	abgefahren
gestritten	bestanden	angerufen
gesprochen	gefallen	losgegangen
gerochen	verschoben	weggeworfen
geliehen	verstanden	umgezogen
geschrieben	gewonnen	mitgekommen
		eingestiegen
		abgeflogen

F10 **Perfekt + haben:** nehmen, sprechen, wissen, beginnen, verlieren, leihen, halten, denken, teilnehmen, schlafen **Perfekt+ sein:** fahren, gehen, werden, weggehen, sein, sterben, spazieren gehen, einziehen, fallen, aufstehen

F11 + F12 **trennbar:** abschließen, ich habe abgeschlossen, anbieten, ich habe angeboten, aussteigen, ich bin ausgestiegen, teilnehmen, ich habe teilgenommen, ankommen, ich bin angekommen, vorschlagen, ich habe vorgeschlagen, umsteigen, ich bin umgestiegen, abgeben, ich habe abgegeben, wegwerfen, ich habe weggeworfen, mitbringen, ich habe mitgebracht, aufstehen, ich bin aufgestanden, stattfinden, es hat stattgefunden, weggehen, ich bin weggegangen

untrennbar: vergessen, ich habe vergessen, bekommen, ich habe bekommen, verschieben, ich habe verschoben, empfehlen, ich habe empfohlen, gewinnen, ich habe gewonnen, beginnen, ich habe begonnen, versprechen, ich habe versprochen, bestehen, ich habe bestanden, behalten, ich habe behalten, verlieren, ich habe verloren

13 einladen, anbieten, abschließen, an/aussehen, an/mit/ab/teilnehmen, stattfinden, aus/an/weggehen, an/mit/vorkommen, vorschlagen, ein/aussteigen, einfallen, ab/angeben, ein/aussteigen

14 1. schließen, schloss, geschlossen
2. schieben, schob, geschoben
3. trinken, trank, getrunken
4. gelingen, gelang, gelungen
5. lesen, las, gelesen 6. geben, gab, gegeben 7. schlafen, schlief, geschlafen 8. raten, riet, geraten
9. helfen, half, geholfen
10. nehmen, nahm, genommen
11. schreiben, schrieb, geschrieben
12. leihen, lieh, geliehen
13. fahren, fuhr, gefahren
14. waschen, wusch, gewaschen

15 1. gelungen 2. betrogen 3. verboten 4. gelogen 5. ausgegangen
6. erfunden 7. gewogen
8. gezwungen 9. eingeschlafen
10. aufgegeben 11. erzogen
12. entstanden 13. geschoben
14. gegolten

F16 1. ist gegangen 2. habe abgeschlossen 3. habe geschnitten
4. fängt an 5. essen 6. bin eingezogen 7. ist geworden 8. haben getroffen

F17 1. ihr 2. du 3. Sie 4. ihr 5. du
6. er 7. Sie 8. er

F18

ich	wollte	konnte	sollte	durfte	musste
du	wolltest	konntest	solltest	durftest	musstest
er/sie/es	wollte	konnte	sollte	durfte	musste
wir	wollten	konnten	sollten	durften	mussten
ihr	wolltet	konntet	solltet	durftet	musstet
sie/Sie	wollten	konnten	sollten	durften	mussten

F19 **Präsens**
ich: will, muss, darf, soll, kann
du: darfst, kannst, möchtest
wir: möchten, wollen, dürfen
Präteritum
ich: konnte, durfte, musste
du: wolltest, musstest, solltest, konntest
wir: durften, sollten, wollten, mussten

F20 sein: wachsen, entstehen, ausgehen, rennen, einschlafen, springen, vorkommen, sein, erscheinen, gelingen

F21 1. Gestern musste er auch länger arbeiten. 2. Solltet ihr nicht mitkommen? 3. Jetzt darf ich natürlich Alkohol trinken. 4. Wie konnten Sie sich bei diesem Lärm konzentrieren? 5. Petra will heute gern fliegen. Sie hat keine Angst. 6. Wir mussten noch die Wohnung putzen. 7. Heute kann er gut Französisch. 8. Ich wollte nicht mit dieser Übung aufhören.

F22 **horizontal:** VERSTAND, HIESS, LIEH,
UNTERNAHM, SANG, STRITT, ASS,
BLIEB
vertikal: VERGLICH, ROCH, STARB,
VERSCHOB, FLOG, BAT

F23

ie-o-o	fließen	ausschließen
i-a-u	erfinden	sinken
e-a-e	fressen	vertreten
a-ie-a	verraten	verlassen
e-a-o	nehmen	gelten
ei-ie-ie	erscheinen	beweisen
a-u-a	betragen	nachschlagen

In der Reihe *deutsch* üben bisher erschienen:

www.hueber.de/deutsch-lernen